Pétalo Azul

Roberto Sánchez Cuesta

Outskirts Press, Inc.
Denver, Colorado

Diseño de portada
Denis Peláez
Álvaro Gallego

Tipografía
Graciela Montagú

Outskirts Press, Inc.
http://www.outskirtspress.com

ISBN: 978-1-4327-4391-8
ISBN: 978-1-4327-4444-1

Outskirts Press and the "OP" logo are trademarks belonging to Outskirts Press, Inc.

PRINTED IN THE UNITED STATES OF AMERICA

Dedicatoria

Este es el primer libro que publico en el exilio. Antes que todo, gracias a Dios por ver realizado uno de mis sueños, que he anhelado desde joven, como es también la libertad de mi Patria.

Este libro es dedicado a mi padre, a mi madre y a todos mis hermanos. También a la mujer que, como madre, ha sido la más linda del mundo, Nelly, mi dulce y adorada esposa, que a su lado me ha hecho el hombre más feliz.

También dedico esta obra a todos mis nietos y especialmente a mis hijos: Roberto, Erwin y Harvey, por toda la ayuda y el apoyo que me han dado toda una vida y participando en ver realizado mi sueño: *Pétalo azul*.

Contenido

POEMAS   1

Pétalo azul   3
Dentro de ti   4
Rogativa a Dios   5
El Vuelo   7
Estaré   8
Versos a Mami   9
La paloma   10
El beso de un nieto   11
No vale la pena   12
A mi esposa (1)   13
A mi esposa (2)   14
A mi esposa (3)   15
Te doy mi corazón   16
Siembra   17
Desilusión   18
Se hará, querido lector   19
El que está en condena   20
Despertar   21

Poema al Día de las Madres 22

La colombiana 23

Dónde está mi colegiala 24

Si quieres que no te quiera 25

Te vas 26

Contestación 27

Nieve en Chicago 28

El querer 29

En mis pocos años 31

Aquel último día 32

Dónde está el amor 33

Respuesta 34

En la Embajada de Brasil 35

A primera vista 36

A los cubanos 37

Coro de la Iglesia 38

La duda 39

Cuando regrese 41

Cuando tú no estás 42

Rosa de cera 43

El duelo 44

Cuando se fueron mis nietos 45

De un sábado el día 47

Al final de la vida 49

Cuando te mudaste 50

Un día cualquiera 51

26 de Julio 52

Voy a extrañarte 53

Testimonio Navideño a mi esposa 54

Si muero aquí 55

DÉCIMAS 57

Ilusión sublime   59

La tarde   61

Soñar   62

Una amiga   63

Mi verso   64

A mi hermana Amada (1)   65

Por una poesía   66

El campesino cubano   68

A Verónica   70

A mi perro   71

El adiós   73

A Enildo Padrón (1)   74

A Enildo Padrón (2)   76

Padre amado   78

En silencio   79

Polvo de agosto   80

Ilusiones   81

Celoso   82

Cuando de mi verso vi   84

Como soy   85

Por la Radio de Cuba   86

Contestación de Roberto Sánchez   87

A un cubano gringo   88

Un abrazo   89

A mi hermano   90

A Mariano Sánchez Cuesta   92

A un comunista   93

La gota de hiel   94

La despedida   95

Viviendo en la distancia   96

A un miliciano   97

A un ateo   99

Viejo amigo 100

Angustia del arado 101

El ruiseñor 102

Gira campestre 103

A un amigo pobre 105

Toda la felicidad 106

Desengaño 107

A Martica Milián 108

A Ramón Santana 109

A mi Cuba 110

Visita de un hermano 111

Amor 113

A mi sobrino Pipo 114

Mi señora, casi niña 116

A Jorgito, mi nieto 118

A un rico pobre 119

A Ramiro Sánchez, amigo 120

Quien soy 122

A Matías Rodríguez 123

En un búcaro rosado 125

A mi esposa (4) 127

Respuesta a Pedro 128

Una limosna 131

Musa joven 132

Regalo de asilo 133

A mi hermana Amada (2) 134

A Magaly García, amiga 135

Retirada 136

El día que ya no pueda 137

Partida 138

Tierra lejana 140

Día de las Madres 141

Viejo 142

A mi esposa, un Día de Madres 143

Sin saber 144

Libertad 145

Un tomate especial 147

Jardín en floración 148

Yo soy feliz 149

A Martí 150

A mi madre en su día 151

A mi hermano en su día 153

Distante de tu montaña 154

A Pedro Martínez, poeta cubano 155

Para Román Pérez 157

Una tarjeta 158

Te vi 159

A Noriel Batista 160

Testamento poético 161

Algo más sobre Roberto Sánchez y su vida 163

Cuando nos conocimos 165

Agradecimientos

Gracias a Denis Peláez y Álvaro Gallego. Ellos crearon la portada del libro *Pétalo azul* y por ellos se ha podido publicar mi obra. Gracias mil.

Muchas gracias a G. Frank Díaz, quien me ha dado todo el apoyo y ha compartido mi entusiasmo, permitiéndome perseguir mi sueño de ver la obra de mi vida publicada.

Y por último, a quien llegó tarde a este proyecto pero que ha puesto todo su esfuerzo y tiempo en revisar una y otra vez los poemas y las décimas, asegurándose de la fidelidad con el original y haciendo las correcciones. Gracias, Norma Fernández.

Sobre Roberto Sánchez Cuesta y su libro "Pétalo azul"

Calle Monserrate No. 43, Pueblo Nuevo, Matanzas... (parece el principio de un cuento que acabará en zarzuela). Nombres que de por si son poesía... "Pueblo Nuevo" (..."tu le dices que hoy no me espere, que voy pa' Pueblo Nuevo, que voy a echar un pie..."). No se puede pronunciar sin sentir la música, ver sus calles, sus aleros de teja española, el horizonte diáfano de la ciudad más empinada al mar que conocemos. Matanzas... (y las muchachas pretenciosas aún creyendo en la Fuente del Pompón).

Luego arrebatos bélicos de la "patria insumisa"... (resonancias de Heredia y de Byrne). Pan de Matanzas y el mar... y el sol hundiéndose en el agua en un escándalo de sangre y fuego. Luego la tierra ampliándose en la sabana. Azúcar y juegos abacuá. Alma india que se desliza sobre los güines para que nadie olvide, para que no se olvide nunca... Zafiro trémulo del Yucayo. ...Palmas, Señor, las palmas reales.

Este ha sido el paisaje esencial de Roberto Sánchez Cuesta. (n. 6 de dic. de 1921); ahora vive (¡¿?!) –mejor pernocta- en otra calle...

de otra lengua... en otro país... (Los pájaros del monte se mueren enjaulados). Pero el canto es libre siempre: "Décima en que viaja el sol / y asoma el duende montuno. / Te quiso como ninguno / porque tú fuiste su atol. / Fue lengua del caracol / que en tu música se inflama / sustancia de sangre y llama / de la vida verdadera, / por donde halló tu alma fiera, la razón que la reclama".

Sí. Hay gente que nace con destino de poeta. Y el verso la sostiene siempre, aunque vaya con los pies por el aire.

Pero vivir es ir saltando de candela en candela, metiéndose de rollo en rollo, jugándosela por ser hombre y para no dejar de serlo. Roberto Sánchez Cuesta, obrero, sindicalista, líder social, revolucionario. ¿Qué lío se perdió donde él no estuviese metido?

Pero por eso fue terrible, desmelenadamente poeta. De controversia en canturia de concierto en changüí. Premio "del Guajiro" en aquellos concursos del teatro "Sauto", en competencia con los mejores decimeros de su tiempo. Premio del concurso del cigarro "La Corona" por el que fue a La Habana, a cantar en el Martí, por donde pasó todo lo que vale y brilla.

Enamorado, zalamero, buen decidor, pendenciero a veces, amigo de sus amigos y hombre a todo. Tomeguín de la manigua o gallo que pica fino. Guajiro, orillero, transeúnte y citadino. Nunca te faltó el ingenio, la gracia, el donaire... chispa para urdir la frase y cerrarla como un broche en el busto de una mujer.

De tantos y tantos versos ha recogido un puñado. Hay más, los más hermosos, que se fueron soltando por dondequiera que iba. Nos mira con esa dulcísima picardía de sus ojos que tanto han mirado. Musita apenas. Es que la última décima aún no se ha dicho...y ésta él la está labrando para que nos la llevemos con nosotros.

Por eso la callamos... En el silencio más cálido / del corazón del amigo / el verso es el manso trigo / de nuestro pan tierno y pálido. En cualquier lugar menos donde quisiéramos: *Pétalo azul*, de cercanía y distancia.

Jorge Valls Arango

Poemas

Pétalo azul

Pétalo azul de una rosa de ensueño
estás en un cielo que no puedo mirar
tu perfume infinito enaltece mi sueño
sin quitarme la angustia de poder despertar.

Pétalo azul que mis ansias colora
estás en un tallo de un verde marfil
te aguarda un silencio de alfombra y de aurora
en la angustia temprana de una tarde de abril.

Anillo encendido de un secreto lejano
estrella nacida en un cielo escondido
pétalo azul fragancia hecha nido
en el tierno recuerdo de un ensueño cercano.

Pétalo azul que perfuma el espacio
de un mundo distinto que está en primavera
se va con el tiempo su color tan despacio
que se queda en la brisa la señal de su espera.

Dentro de ti

Quisiera estar dentro de ti
para saber cómo me miras
si me ves como uno más.
Pobre de mí
por creer que pueden ser verdad
tantas mentiras.

Quisiera estar dentro de ti
y si no lograra en tu vida estar
tendré que decir pobre de mí
al saber que me ves como uno más.

Quisiera estar dentro de ti
y conocerte más por dentro
buscarte el corazón.
Y si lo encuentro,
por tanta falsedad,
matarlo a besos.

Marzo 20, 1998

Rogativa a Dios

Oh Dios de inmenso poder
te ruego que bendigas con tu gracia
a todos en mi hogar; a mi esposa buena,
a mis hijos, a mis nietos,
a mi madre, y a mi patria.

Te ruego que bendigas infinitamente
a toda una humanidad que corre al precipicio.
Pobre de los que no saben llevarte tan adentro
y son víctimas del odio, la maldad, y el vicio.

Oh Señor de inmensa bondad
que la triste incomprensión de la crueldad y el odio
no conlleven a los pueblos para vivir en guerra.
que se estremezca el mundo por tu ley infinita
y que reine la paz sobre la tierra.

Oh Señor, enséñale al pobre
que no hay más riquezas que vivir por tu amor.
Enséñale al mundo que Tú eres todo y en el todo estás'
enséñanos a ser uno contigo
y que aprendamos a ser uno con todos los demás.

Yo sé Señor, que a muchos
les asalta la duda de tu plan divino
porque no castigas al que de Ti se aparta
sin saber que Tú nos enseñas el camino
con el mismo albedrío que les das a las plantas.

El mundo está lleno de rencor y mentira
y los hombres no saben comprender Tu bondad
porque viven tan lejos de saber Tu existencia
que los ciega la luz de tu hermosa verdad.

Por ello te pido y te ruego ¡Oh, Dios mío!
que bendigas las almas con tu Espíritu Santo,
que se encienda tu fe en la duda del mundo
que tu obra la sabemos llevar unos cuantos.

Pero el día que sepan, Señor,
que Tú eres la dicha, el amor y la paz
te gritaran al cielo desesperadamente
porque no saben que Tú en nosotros estás.

Y en estos días que el mundo celebra
el feliz nacimiento de tu ejemplo en Belén,
haz que estrellas y reyes desde el mágico oriente
nos enseñen de nuevo el camino del bien.

Pon Señor tu mano omnipotente
sobre los pueblos que luchan
y mueren en las sombras.
Ten piedad para el bárbaro que atropella y mata
y de los que no saben comprender tu obra.

El Vuelo

Cuando no pueda un pájaro su nido
colgarlo del árbol más cercano
no importa que vuele a otra frontera
si en ese vuelo está lo deseado.

Y si no encuentra en ese vuelo
la fácil manera de anidarse
que no pierda la fuerza ni el consuelo
de poder a otra frontera trasladarse.

Y si tiene que regresar fortalecido
por el vuelo tan largo que a estrenado
encontrará en el árbol más cercano
colgado un nuevo nido

Mayo 5, 1995

Estaré

Yo sé quizás que nunca serás mía
porque no estaré en tu corazón jamás
pero quiero que sepas que estaré en tu vida
y por doquiera que vayas me verás.

Estaré en tu aula en el libro que abras
para enseñarle a un alumno la lección.
Estaré en tu vida y en tu buena intención
y en el tierno vibrar de tus palabras.

Estaré en la flora, estaré en los luceros,
cn la tarde triste o en la luz del día.
Estaré en la sonrisa de un niño cuando ría
o en la charla amena de dos pasajeros.

Estaré al pasar de una calle,
en el que te abra paso al verte cruzar.
Estaré de tu vida en cualquier detalle,
hasta en los pasos firmes que das al andar.

Estaré por tu vida aunque ya no estés,
en la noche clara o en la noche oscura.
Estaré al leer tu Sagrada Escritura
quizás si en el Salmo veintitrés.

Estaré en las aves, estaré en las rosas;
en tu hablar alegre o en tu pena triste,
estaré en las palabras con que daño me hiciste
en las que hoy no me explico el por qué de las cosas.

Versos a Mami

Al despedirme en un beso
tierno, sensitivo y largo
se volvió dulce el amargo
esperar de mi regreso.

Quedaste en embeleso
contagiándome la vida.
Y aquí donde está una herida,
sangrando sin tener cura,
se clavó en la noche oscura
la voz de tu despedida.

La paloma

Se acercó a mi patio una paloma un día
temblando de frío ¡y qué triste venía!

La cogí en mi pecho y el temblor que traía
se le quitó enseguida, porque ya era mía.

La enseñé a volar y a estrenar sus alas
que hasta ese entonces las tenía malas.

Recobró sus fuerzas y estrenó su vuelo
y ya sabía tanto como yo, hasta llegar al cielo.

Pero un día le dije: "palomita mía
esta enseñanza que te doy servir podría,
para que emprendas más adelante el vuelo
y de haberte tenido me quedará tan solo el consuelo".

Febrero 25, 1978

El beso de un nieto

¡Cuánto no vale tener tres nietos
que te reciban tirándote besos!
Eso es mejor que tener
un millón de pesos.
¡Cuánto vale saber en la vida
que es necesario
vivir para ellos!

Cuánto no vale tener tres nietos
que te esperan felices y contentos,
enseñándote un mundo de valores eternos.
Recordándonos siempre
nuestros queridos viejos.

Marzo 10, 1999

No vale la pena

No vale la pena
que te esfuerces tanto
si no tienes el dinero
que te haga cantante.

No vale la pena.
Si eres un pobre
aunque tengas talento
y tu voz aunque sea de oro
resultará de cobre.

No vale la pena
si no hay en tu voz
un collar de plata
que brille, como en la fiesta
brilló tu guitarra.

No importa el talento
querido cantante,
si no hay en tu bolsa
disponible un diamante.

A mi esposa (1)

Yo no he podido comprarte
nada en esta Navidad.
He buscado en todas partes,
pero no he encontrado nada.

Pensé comprarte un collar,
un anillo, una cadena,
pero no existe en las tiendas
algo que valga la pena.

Y le pregunto a mi Dios
¿Qué le compro a quien me quiere
que lo guarde para siempre
como prueba de mi amor?

Y me contestó una voz:
¿y por qué no le regalas
algo que nunca se rompa?
¡Comprensión!, ¡comprensión!

Diciembre 20, 1995

A mi esposa (2)

Manantial de amor que baja entre montañas,
donde calman su sed silvestres aves;
remanso escondido de frescura,
donde crecen en sus márgenes los árboles.

Qué pasará cuando no corra loma abajo
humedeciendo las entrañas de las plantas,
y no puedan ya las avecillas
calmar la sequedad de sus gargantas.

Y cuando no pueda recibir el llano
las líquidas caricias de sus besos
se morirán las plantas y las aves
y todo quedará como un desierto.

Mayo 5, 1995

A mi esposa (3)

Me llamas diciéndome te extraño
y estás sin mí hace unas horas.
Cuánto me aflija pensar cómo será
cuando tengas para siempre que estar sola

Yo no podría ni pensarlo
pero si un día me quedara solo,
no tendría valor para extrañarte
y buscaría la forma o la manera
de estar contigo en cualquiera parte.

Te doy mi corazón

Ya que no tengo tu amor ni tu cariño
te voy a dar mi corazón
para que hagas con él lo que tú quieras
ya que tener el tuyo no he podido.

Natural que el mío al tuyo es my distinto,
porque ya el mío viene de regreso
a esta vida de extraños laberintos,
cargado de maltratos y desprecios.

Pero hallarás en él la remembranza
de una ternura que estará en acecho.
Por eso te lo doy porque al no verte
se me quiere ya como salir del pecho.

Mayo 11, 1997

Siembra

Tú que pones Señor con dulce mano
sobre un tallo de espinas una flor,
pon en la siembra de una madre
Tu Santa Bendición.

Haz, Señor, que tu obra se vea
en tan diminuta criatura
que viene a la vida con la misma ternura
que se refleja en el alma de quien la crea

Que sepan de Ti silencio manso,
que el mundo conozca la verdad de tu amor
Tú que sabes poner con dulce mano
sobre un tallo de espinas, una flor.

Febrero 4, 1995

Desilusión

Era una noche invernal, ¿no te recuerdas?
que me besaste mujer impía
con tanto amor, en la noche aquella
que de verano me parecía.

¿No te recuerdas de aquella noche?
Tus palabras eran más dulces y más bellas;
en la flora gorjeaban los jilgueros
y en el cielo temblaban las estrellas.

Pero ya tú ves, todo fue en vano por tu culpa,
por tu traición inicua y despiadada.
No mereces para mí ni el poco caso
ni quiero para ti merecer nada.

No quiero merecer nada de ti.
Feliz sin tu mirada me presencio,
ahogar mi dolor solo prefiero
y soportar mi cuita y mi silencio.

Por eso ya odio las noches invernales,
por la noche que creí tu falso amor.
Por eso ya no miro a las estrellas
ni al cielo confío mi dolor.

Se hará, querido lector

Se hará querido lector
a la luz pronto este libro
por el esfuerzo divino
de un ángel lleno de amor.

Esta es la forma mejor
de algo hacer para que puedas
saber que hay un corazón
que tiene manos de seda.

Y si no fuera por ella,
no tuviera luz el sol
porque ella, mujer modelo,
nació para dar amor.

Octubre 2, 2007

El que está en condena

El que está en condena
cuando a media noche
le dan paredón
gritan valientes: ¡VIVA CRISTO REY!

Sufren aquí las madres
de los hijos que mueren.
Y allá lloran también
lo que más se quiere.

¡No hay piedad, no hay piedad!
Y el pueblo inocente
soporta la turba
que asesina y mata.

Brincan embajadas
y se van en lancha.
Miles se han muerto
en el fondo del mar.

Despertar

El día que despiertes para un Mundo Nuevo
Se romperá la duda de un placer distante
y desgranando el sonoro aletear de tu tristeza
sabrás en penumbras lo que fuiste antes.

El río no sabe por qué se desliza
y lleno de escollos se entrega a la mar;
de nada nos vale venir de tan lejos
si nos llega el cansancio agotar.

Pero no habrá duda que interrogue a tu vida
y ya sabrás el por qué de las cosas.
Pero es muy corto el espacio de un día
y el tallo no sabe por qué mueren las rosas.

Poema al Día de las Madres

Tú que pones, Señor, con dulce mano
Sobre un tallo de espinas, una flor
pon en este día de las madres
Tu santa bendición.

Pon de las madres en el sagrado día
dulzura en la herida del dolor profundo.
Pon sonrisa de paz y de ternura
en todas las madres del mundo.

Quiero besar humilde de rodillas
tan hermoso querer;
quiero enseñarle al mundo como se adora
a la que nos diera el ser.

Quiero imitarte a ti, silencio manso,
para llenar con tierna adoración
a la que sabe con dulzura en los labios
entregarnos el perdón.

Por eso Señor, a las madres del mundo
que bendigas te ruego con Tu santo amor.
Tú que sabes poner con dulce mano
sobre un tallo de espinas una flor.

La colombiana

Colombiana, colombiana,
con tu sabor a café
enamoras con tu encanto
cuando hablas, cuando hablas.

Colombiana, colombiana,
vas llevando en tu cintura
el dulzor de tus bananas
y lo hermoso de tu cumbia.

Por ti desde el paraíso
se doblegan las campanas
ni Adán ni Eva supieron
de tu encanto, colombiana.

Colombiana, colombiana,
con tu sabor a café
enamoras con tu encanto
cuando hablas, cuando hablas.

Octubre 28, 1995

Dónde está mi colegiala

Dónde está mi colegiala
que hoy a la escuela no vino,
ayer triste me contaba
que estaba con mucho frió.

Dónde está mi colegiala
que hoy no pasó por la escuela.
Dónde está mi niña buena,
mi mariposa con alas.

Dónde está mi mariposa.
en que flor se habrá posado;
su ilusión me tiene atado
igual que al tallo la rosa

Cómo quisiera encontrarla
y entregarle el calor mío
para calmarle su frío
y por siempre contemplarla.

Si quieres que no te quiera

Si quieres que no te quiera
arráncame el corazón;
es la única manera
de no luchar por tu amor.

Arráncame el corazón
si no quieres que te quiera
y no habrá para el amor
espacio en mi vida entera.

Si no quieres que te quiera
deja de ser como eres;
es la única manera
de no amarte para siempre.

Si tu quieres no me des
la suavidad de tu risa,
ni el frescor de tu mirada
que hace tan feliz mi vida.

Agosto 01, 1995

Te vas

Ya sé que te vas
porque quieres casarte.
El no verme más
es lo mejor que haces

Y que Dios bendiga
a ti y a tu novio
y que seas muy feliz
aunque estés con otro

Que tengas un niño,
o quizás una niña
que sea como tú
tan buena y tan linda

Ya sé que te vas.
Tan solo me quedo
de todo en mi vida
mi carrera es primero.

Octubre 2, 1995

Contestación

Yo sé muchas cosas de la vida
de las que tú saber nunca podrás.
Yo sé que vengo desde muy lejos,
de donde sé que tú cerca no estás.

Yo sé ir del mundo a le deriva
tomando las dosis de mi pena amarga.
Yo voy por el mundo sanando una herida
llevando alegre mi pesada carga.

Yo sé lo que es pasar la noche en vela,
yo sé lo que es tener la fe perdida;
porque vengo de un lugar donde la vida
me ciñó en el alma su radiante estrella.

Yo sé lo que es llorar igual que un niño
en espera de tener algún consuelo.
Yo sé sentir ardiendo tu cariño
quemando el infinito de mi cielo

Yo sé lo que es estar ilusionado
en asechanza de un sueño que no llega,
yo he sabido pecar sin ser tentado
porque el mundo está en mí, si se me entrega.

Nieve en Chicago

Cuando cae la nieve
como lágrimas blancas,
se llenan las calles
de una paz que conmueve
como si del cielo descendieran las almas.

Qué alboroto de espumas
las aceras contemplan
como si en lo alto, invisibles manos
abanicos de plumas
en pedazos rompieran.

Y quién ignora el milagro sublime
de un poder que su ley manifiesta
derritiendo la sal de los cielos,
y en señal de dulzura redime
el rencor de la tierra.

Blanca nieve de mundos lejanos
se convierte en granizo y en pompas de hielo,
en un encaje de frescas ofrendas,
como si un sortilegio de pétalos blancos
nos regalara el cielo.

El querer

El querer no se pide, se da;
como el pan al hambriento,
como el mar a la playa,
como el sol a las plantas.

El querer no se pide, se da
como el río a la mar,
como el llanto a los ojos
cuando nos duele el alma.

El querer no se pide, se ofrece
hasta inconscientemente
cuando se siente el amor
desesperadamente.

El amor no se pide, se da;
en cuatro palabras que te hagan llorar,
o en una llamada diciéndote "*I love you*"
queriendo del alma las penas quitar.

El querer no se pide, se da;
Como el día a la noche
Que cierra en su sombra
La risa brillante de su dorado broche.

El querer no se ofrece, se da
como el polvo al camino,
como el viento a las hojas
que le quitan al árbol la bondad de su sombra.

El querer no se pide, se da;
como el pichón al nido,
como la luna al cielo,
o como tú me has querido.

Julio 16, 1996

En mis pocos años

Empezando a vivir
me diste el invierno
de tu amor lejano,
y en mis pocos años
empezando a vivir
te ofrecí mis cantos.

Empezando a vivir,
sin saber quien eras,
te empecé a querer
de distintas maneras,
entrando en tu mundo
sin tener fronteras.

Empezando a vivir
me diste el invierno
de tu amor lejano.
Empezando a vivir
me quemó como el sol
el calor de tus manos.

Aquel último día

Estabas muy linda aquel último día
pero me insultaste; y que lindo lucía
el insulto en tu boca.
Yo te oí tranquilo creyéndote loca.

Jamás se me olvida el color que vestías,
se entallaba tu cuerpo y qué bella lucías.
Pero me insultaste y nos separamos,
y jamás se me olvida donde nos paramos.

Para resguardarte de la lluvia caída
llevabas un abrigo del color de mi vida,
con una cartera parecida a mi suerte;
y como en aquel día no quisiera verte.

Yo no te creí tan cruel ni tan dura,
pero un talismán envolvió tu cintura
y creí verdad todas tus mentiras
porque sé que mentiste con todas tus iras.

Yo te sé una excepción entre otras mujeres
pero tus palabras me hincaron como alfileres
que me hirieron el alma para toda la vida.
Estabas muy linda, pero aquel día
jamás se me olvida.

Dónde está el amor

Dónde está el amor
que une a las almas
en loca pasión,
 y une a dos seres en un corazón.
Donde está el amor.

Dónde está el amor
que rozó nuestra piel
desde que nos vimos por primera vez.
Donde está el amor
de una larga espera
que alumbró como un sol
nuestra edad primera.

Dónde está el amor
que un día sentimos
y como un cristal,
sin saber rompimos.

Dónde está el amor
que nos da la vida
después que nos ha abierto la herida
que nos causa el dolor
de la ilusión perdida.
Dónde está el amor.

Junio 23, 2000

Respuesta

¿Que si me disfracé? Siempre lo hago,
con un disfraz que hasta mirarlo estorba
presentándole al mundo carnavalesco y vano
un antifaz de monje de mirada torva.

Así la vida me sonríe mejor,
y es porque el alma en el placer se entrega
ahogando una pena con fingido esfuerzo
ante la infame senectud que prematura llega.

Que no importa la edad "razón sublime".
Hay a quien poco le importa el dolor ajeno
y lleva el alma hasta de amor vacía
teniendo el corazón de orgullo lleno.

Pero así es la vida, carnavalesca y vana
que a veces por no llorar reímos tanto
que luego nos devuelven por la risa injusta
la falsa moneda del amargo llanto.

En la Embajada de Brasil

A la mujer que adoro
dedico este canto
que lleva en sus notas
de cariño un emporio.

La mujer que adoro
me llevó en su vientre,
y me dio en sus brazos
su amor para siempre.

La mujer que adoro
aunque esté lejana
su cariño amanece
como un sol en mí
en cada mañana.

La mujer que adoro
la llevo en el alma
corriendo su sangre
hasta mis entrañas.

Madre mía, te quiero
porque estando en la cuna
comprendí por tu cuido
que como tú, ninguna.

1961

A primera vista

Un día que estaba confundido
te conocí, ¿por qué razón?
le he preguntado al corazón
y tener su respuesta no he podido.

Y han pasado los días
de aquella vez primera,
y te llevo en mi vida
como si de mi otra vida fuera.

Y seguí confundido
sintiendo algo extraño;
hasta un día, sin saber la razón,
que un beso nos dimos.

Y si es que de vidas pasadas
pueden las almas volverse a encontrar
tú y yo desde aquella mañana
encontramos la dicha de volver a empezar.

Por eso nos vimos sin ser dos extraños
como los sueños se hicieron verdad.
Yo tuve la dicha de darte un rosario
para en cada beso en tus labios estar.

A los cubanos

Cubanos, al frente
de una lucha más
por Cuba que espera
por su libertad.

No importa que el mundo
se quiera olvidar
de un pueblo que pide
amor, dicha y paz.
Cuba sufre y llora por su libertad.
Cubano, es la hora
para la unidad.

Marchemos unidos
de nuevo a triunfar
que el rencor y el odio
se queden atrás.

Coro de la Iglesia

Hoy que visto la toga del coro de mi iglesia
un desconsuelo me arde hasta en el alma
porque no aprendí a saber usarla, Señor,
como un pastor de tu santa proeza.

Hoy que visto la toga del coro de mi iglesia
junto a los hermanos que como ángeles son,
me crece un amor para siempre en el alma
que es la mística ofrenda que da el corazón.

Hoy que visto la toga del coro de mi iglesia
se postran reverentes ante mí los años
y me nace en la tarde la angustia infinita
de todo el tiempo que he vivido en vano.

Hoy que visto la toga del coro de mi iglesia
úsame Señor para tu plan divino
haz que se encienda tu fe en medio de mi noche
y no dejes a oscuras mi camino.

Hoy que visto la toga del coro de mi iglesia
si el pecado de no amarte me asaltara ¡Oh mi Dios!
que truene sobre mí la impiedad de los cielos
y que se rompa mi garganta en dos.

Y si por maldad o desdicha un día
me confundiera la perfidia necia
que se haga en mí tu voluntad, Señor,
y que no vista la toga del coro de mi iglesia.

La duda

Yo sé muy bien que cambiaste
tu dolor y tu amargura
por un adiós de dulzura
que en la doblada encontraste.

Sigue en tu vida de rosa
coqueteándole al rocío
que ya temblarás de frío
como endeble mariposa.

Sigue dándote a la brisa
del ventanal más cercano,
sin pensar en lo temprano
que morirá tu sonrisa.

No importa que hayas sentido
tu angustia como una espina
sin en una pena vecina
se te fue el dolor sufrido.

Sigue dándote si quieres
a tu amor insatisfecho,
que ya temblará en tu pecho
la duda de ser quien eres.

Sigue dándote de alfombra
y de luz al caminante
que habrá un sol agonizante
muriéndosete en la sombra.

Junio 19, 1968

Cuando regrese

Cuando regrese a la ciudad
buscaré el hotel donde estuviste
y en el mismo cuarto y en la misma cama
buscaré el aliento que dejaste en la almohada.

Iría al lavabo
por si quedó en su orilla
de jabón una astilla
que tocó tus manos.

Y miraré hacia arriba
para ver si en el techo
Se quedó algún reflejo
de tus negras pupilas.

Y después, buscaré en el baño
para ver si colgada
está allí la toalla
que secara tus manos.

Y, antes de marcharme,
si no encuentro nada
regresaré callado
con todos los sueños
que me dio tu almohada.

Mayo 16, 1998

Cuando tú no estás

Cuando tú no estás
me parece que el mundo
para mí se acaba,
y aunque sea pequeña
se hace grande la casa.

Cuando tú no estás
el reloj no camina,
se me olvidan las cosas,
y el radio no toca
mi canción preferida.

Cuando tú no estás,
me muero de pena
porque estás enferma.
Y me pongo nervioso
si el teléfono suena.

Cuando tú no estás,
me parece que el mundo
para mí se acaba.
Y aunque sea pequeña
se hace grande la casa.

Rosa de cera

Llevo una rosa guardada en el alma
de un lila violeta, mi color preferido.
Pero es de cera y perfumar no ha podido;
me enaltece el sueño y me quita la calma.

Yo sé que esa rosa intocable me ha sido,
pero yo que sé mirar desde otro mundo,
sé de la estrella que en el mar profundo
refleja oscilante su color perdido.

Y qué importa a mi vida este largo silencio
si yo aprendí a conocer mi dulce espera.
Sé que mi rosa perfumará en invierno
en una floración de primavera.

Yo sé de la ostra que lleva en su seno
el tesoro escondido de una hermosa perla.
Yo, como la ostra, escondida muy dentro
llevo en el alma una rosa de cera.

El duelo

Hoy el mundo está de duelo
porque nuestra Celia Cruz
se fue en un trago de luz
por la garganta del cielo.

Mujer honesta y modelo
de hermosa soberanía
que repartiendo alegría
de su vida en el andar,
supo dejar un altar
de amor y de cubanía.

Julio 16, 2003

Cuando se fueron mis nietos

Ya en Carolina del Norte
respiran mis tres claveles;
los destinos se hacen crueles
en la rueda de un transporte.
Ya no espero que me importe.

El arrecio de mi hastío
al ver de risa vacío
el espacio de un hogar
donde solía guardar
el mayor tesoro mío.

Pero mi vida es así,
llevando a cuesta este peso
de un dramático proceso
que en otra vida sufrí
¿Quién fui? Solo sé que fui
un humano apasionado
que vivió descompensado
una existencia consciente
de pagar en un presente
la deuda de mi pasado.

Ya no se oyen en mi patio
los cascabeles de risas
que le daban a las brisas
mis juguetones muchachos.

Ya se me hacen pedazos
las horas y los recuerdos
de aquellas tardes felices
que me pasaba con ellos.

Recuerdo a veces, de tarde,
las diminutas siluetas
en la quietud de mi patio
montando sus bicicletas.
Si mis perros y mis gatos
pudieran un día hablar
dirían cuántas las veces
que me habrán visto llorar.

Cuántas veces de mañana
tal me parece que escucho
soñoliento, entre mi almohada:
"Abuelo, te quiero mucho".

Noviembre 9, 2000

De un sábado el día

Era de un sábado el día
veinticuatro de febrero
cuatro Hermanos al Rescate
humana misión cumplían.

Tres avionetas volaban
el Estrecho de la Florida
entre las olas buscando
a quien salvarle la vida.

Marcando en el territorio
aéreo en que se encontraban
todo contacto perdieron;
dos misiles bombardeaban.

Cuenta uno, el más distante
que pudo salir ileso,
la horripilante barbarie
de un asesinato aéreo.

Cuatro pilotos llevando
en sus manos salvavidas
ordenan ser bombardeados
por un loco genocida.

Valientes pilotos
salvando balseros
le enseñan al mundo
sus patrióticos sueños

Patriotas hermanos,
con sus muertes gloriosas
le enseñan al mundo
la crueldad de un tirano.

Al final de la vida

Al final de los años
se aprende en la vida
que todo es engaño,
falsedad y mentira.

Al final de los años,
cansado y enfermo,
caminando apoyado
en los hombros del nieto.

Así va el abuelo
al final de la vida,
enseñándole al mundo
lo que vale un nieto.

Abril 18, 2001

Cuando te mudaste

Aunque ya te mudaste
no estoy resignada,
y siento tu aliento
rozando mi almohada.

Me siento atontada.
Al hacer la comida
separo tu lonche
para el otro día.

Aunque ya te mudaste
no me acostumbro
a creer que me olvidas
por los tres pedazos
que agregaste a mi vida.

Aunque vivas aparte,
y aunque estés ausente
viviré por tus hijos
amándote siempre
aunque ya te mudaste.

Abril 13, 2001

Un día cualquiera

Un día cualquiera cuéntale al Señor
tu tristeza y tus penas,
y nacerá en tu alma la dicha infinita
de tener para siempre el placer que deseas.

Un día cualquiera haz que en tu pecho
se rompa la duda que tanto te hiere.
Haz que el mundo no sepa el dolor que has sufrido,
búscate el alma y sabrás lo que quieres.

Un día cualquiera, confíale al cielo
que nunca has tenido lo que tú deseaste;
ve por la vida por un nuevo camino
y olvídate de todo este largo contraste.

Un día cualquiera medita en tu almohada
que de nadie es la culpa del dolor que has sufrido.
Juzga al ajeno cuando sangre tu herida
que todos llevamos este mismo camino.

Un día cualquiera, reza en silencio
y endulza tu vida con la paz y el amor
y verás que ese día, como todos los días,
estarás para siempre más cerca de Dios.

Deja que el mundo te ignore si quiere
y aférrate a Dios en distintas maneras
date a entender ante quien te comprenda
y serás feliz un día cualquiera.

26 de Julio

Era el día de la Santa Ana
y un pueblo sediento de luz y de paz
no comprendía que un hombre en acecho
le aguarda a un futuro de sangre y maldad.

El sol desgranaba su bello fulgor
y un asalto de fusiles y balas
bañaban en sangre una hermosa ciudad
de una tierra que muere de tanto dolor.

Entre rojas nubes se tachonaba el ciclo
como esperando un despertar de estrellas,
pero nació la noche entre sombras de sauces
dejando un abismo de sangrientas huellas.

La flora tendida en su terciopelo
vistiendo de alfombras la fresca mañana
no entendía el estreno de un sagaz contratiempo
que enlutara la fecha de la Santa Ana

Y las horas pasaron como un infortunio,
y en un tañir de murientes campanas
marcó para siempre, como en un fatalismo,
aquel triste día de la Santa Ana.

Voy a extrañarte

Como voy a extrañarte
cuando pasen las horas,
y los días pasen,
y estemos aparte.

Como voy a extrañarte
en cada mañana
cuando pase la noche
sin estar en mi cama.

Como voy a extrañarte
cuando en mi vida
no esté tu consuelo.
Mi tristeza se hará
más grande que el cielo.

Mayo 5, 2003

Testimonio Navideño a mi esposa

Sólo siento que ni en distintas vidas,
si es que me permiten regresar,
podré tener con qué pagar
el dulce cariño y amor
con que me cuidas.

Tú has venido cerrando las heridas
que al alma lastiman en lo más profundo,
pero en el mar de la vida,
mis tristezas hundo,
y somos felices cuando vemos
los dos claveles que tenemos
que son los tesoros más grandes de este mundo.

Si muero aquí

Cuando tranquilo y callado
pase de la tierra al cielo
dejaré este traje usado
guardado en un cementerio
de un pueblecito pequeño
donde mi vida he sembrado

Y después que allí a mi lado
guarden la reina que un día
fue la arteria de mi vida.
La que forjé con mis manos
para volverla a encontrar
en mi próxima venida.

Décimas

Ilusión sublime

Anoche te vi en un sueño
prendida en una ilusión,
robándote un corazón
que carecía de dueño.
Llevabas un sol trigueño
encendido en las ojeras
y sin saberte que eras
algo que se despertaba;
un órgano armonizaba
el imán de tus caderas

Yo quise tu amor soñar
en una rara ilusión
cuando le dio al corazón
el deseo de cantar.
Yo eché un deseo a rodar
por los caminos del viento
pero te me hiciste un cuento
de espuma, que se rompió
cuando tu amor floreció
en un arrepentimiento.

Yo te vi como en la brisa
una azucena temblar
y jamás podré olvidar
la sorpresa de tu risa.
Se me quedó en la camisa
tu perfume de pradera

pero qué azul carretera
ye abrió una noche de luna,
cuando te me fuiste en una
embriaguez de primavera.

A mí se me fue la vida
cuando con tierno embeleso
le diste a la brisa un beso
en señal de despedida.

Yo me fui por la salida
que me dejó tu mirada,
y tú te fuiste cuajada
por el anhelo cortado,
por un camino rosado
que hizo invisible tu entrada.

La tarde

La tarde en lenta agonía
diluye su hora nefasta
en tenue luz a media asta
mientras va muriendo el día.
Y en su góndola sombría
por los canales del cielo
avanza la noche en duelo
con sus estrellas remotas;
ave de las alas rotas
la luz persiste en su vuelo.

Es el alma del poeta
rosa que se abre en la sombra,
milagro que no se nombra
ni en sus versos se concreta;
belleza oculta y secreta
que vibra en la fronda bruna
y que ofrece, cual ninguna,
en vegetal platería
jardines de fantasía
donde está lloviendo luna.

Soñar

Soñar, ¿qué cosa es soñar?
Es una revelación
hecha en otra dimensión
para un deseo lograr.
Tú has podido acariciar
un anhelo trasnochado
y por eso me has besado
en un sueño sin saber,
que aunque no me puedas ver
siempre me encuentro a tu lado.

A veces cuando dormimos
sin tener dificultades
vagan nuestras ansiedades
al lograr lo que sentimos.
Y hasta cuando nos morimos
nuestra alma se libera
de esta mundanal esfera
que todo lo justifica,
y es cuando se testifica
su existencia verdadera.

Una amiga

Tengo una amiga impaciente
porque la pena que sufre
no se cura con azufre,
ni paño de agua caliente.
Ella necesita urgente
que para aliviar su pena
encontrarse un alma buena
y que el cuerpo le sacuda
dándole un baño de ruda
de albahaca y azucena

Agosto 14, 2003

Mi verso

Mi verso se hace sencillo
como la brisa que pasa
despeinándole a mí casa
el cortinaje amarillo.
Mi verso se hace en el trillo,
avenida del arriero,
es ruiseñor prisionero
en un cofre de crisol.
Y si se viste de sol
le da luz al mundo entero

A mi hermana Amada (1)

Hermana, querida hermana,
ruégale a Dios cada día
de verme a tu compañía
y que tú estés fuerte y sana.
Yo podré cada mañana
rogarle a Dios desde aquí
poder verme junto a ti
frente al río de San Juan
y ver las lomas del pan
abrazando al Yumurí.

Septiembre 25, 2003

Por una poesía

Estoy cansado de tanto
trabajar y de luchar
sin deseos de cantar.
Mi voz gastada levanto,
se hace sonoro el quebranto
que me agobia y que me aqueja
pero en mi tristeza vieja
nace una nueva alegría
cuando tu ágil poesía
su sonoridad me deja.

Es un motivo el trabajo
de tener menos pobreza
y de llevar a la mesa
la dicha de un agasajo.
Por él se compra tasajo,
arroz, malanga y frijoles;
se compra lechuga y coles
y hasta vino que tomar
y se endulza el paladar
con productos españoles.

Pero yo sé prepararme
para un destino futuro
cuando de este mundo impuro
pueda de un todo librarme.
Cuando pueda transformarme
en ser lo que nunca he sido

estaré como atraído
por una fuerza mayor
sin la pena ni el dolor
de un mundo tan corrompido.

El campesino cubano

Sufriendo un dolor profundo
hoy se encuentra el campesino
porque su pobre destino
muy poco le importa al mundo.
Su esperanza de un segundo
muere en la tarde sombría
y al ver su mesa vacía
se lamenta y se acobarda
trayendo ardiente en la espalda
todo el sol del medio día.

Qué tristeza campesina
experimenta el guajiro
sin que crezca en su retiro
lo que ha de volverse harina.
Cuánta pena se adivina
en todo su pensamiento
al ver que ya su aposento
no huele a res ni a cochino
y que ya el viejo molino
no es abanico del viento.

Cuánta angustia campesina
cuando el guajiro despierta
y no sale por la puerta
el olor de la cocina.
Qué desdicha se imagina
su corazón limpio y franco

cuando saltando el barranco
después de dejar la hamaca
ya no le extrae a la vaca
lo verde que se hizo blanco.

Pero yo se que algún día
el bohío y el palmar
darán al viento un cantar
de hermosa soberanía.
Y cuando la rebeldía
le dé un tajo al despotismo
de esta penumbra de abismo
los mártires se alzarán
y los pueblos no serán
esclavos del comunismo.

1961

A Verónica

A Verónica Chamorro

He logrado ver el sol
al alcance de mi mano
en un ventanal cercano
reflejando su arrebol.
He visto de un caracol
deslizarse la babosa,
y he visto una mariposa
saliendo de su capullo,
y en un bohío el orgullo
de una lámpara chismosa.

También he visto una flor
con atención esmerada
con su voz en la mirada
venir sirviendo su amor.
¿Dije flor? Sublime error,
creo estar equivocado;
es un ángel que ha logrado
vestirse de carne y hueso
recibiendo con un beso
a cada recién llegado.

Diciembre 24, 1994

A mi perro

Ya más no podré encontrar
como un centinela alerta
a mi perro, que en la puerta
me saludaba al llegar.
Ya más no podré mirar
a través de mi postigo
al negrito que conmigo
en amor se derretía,
mostrándome en su alegría
que era mi mejor amigo.

Su amor y su lealtad
eran únicas conmigo,
yo nunca tuve un amigo
de tanta fidelidad.
Sé que sin tener piedad
la muerte se lo ha llevado
y si en el cielo estrellado
existe algún angelito
hay otro más que el negrito
en la tierra se ha ganado.

Nunca a nadie le ladraba
que supiera ser mi amigo,
entendiéndose conmigo
hasta cuando me miraba.
Y si algún gallo peleaba
a separarlo venía

y hay que ver con qué alegría
me cuidaba los pollitos.
Muchos perros habrán negritos
no como el que yo tenía

Agosto 19, 1992

El adiós

El adiós, el triste adiós
en los labios de un amigo
viene a ser como un castigo
donde no interviene Dios.
Cuando se lleva entre dos
un extraño porvenir
en este endeble existir
nos dan en distintas vidas,
leyes, causas y medidas
que tenemos que cumplir.

A Enildo Padrón (1)

Poeta cubano

Enildo Padrón, leí
tus décimas
que están buenas
y presentí por mis venas
desbordarse el Yumurí.
Siempre en tus versos sentí
un estremecer distinto
llevando en su laberinto
del Bellamar la belleza,
premiándote la grandeza
de Gabriel y de Jacinto.

Tú eres el vivo sueño
de Darío o de Espinel;
ante ti Jorge Manuel
Quesada se ve pequeño.
Tú eres el mismo diseño
de un árbol que se da en hojas,
que meditando congojas
le ofrece a los ruiseñores
un campo lleno de flores
y un cielo de nubes rojas.

Enildo Padrón, tú eres
manantial de cauce abierto
cada vez que en mi desierto

por él deslizarte quieres.
Yo no sé por qué prefieres
desconsolar mi pasado
tal parece que te has dado
en busca de una fragancia
que se quedó en la distancia
de un pueblo crucificado.

Marzo 27, 1996

A Enildo Padrón (2)

Yo quisiera la espesura
de tu monte traficar
para ver si puedo hallar
de tu fuente la dulzura.
Yo me diera a la aventura
de fantasías y de cosas,
de hallar las joyas preciosas
que hay en la vegetación,
de tu rosal donde son
más perfumadas las rosas.

Tú eres un sol repartiendo
su luz en el universo;
la sonoridad de un verso
que se ha ido derritiendo.
Tú eres el día naciendo
bajo un cielo nacarado,
y yo un lirio desojado
en las riveras de un río
tan triste como un bohío
que ha sido desalojado.

Mi poesía es un sueño
que se viste de alegría
cuando con tu poesía
cruza un paisaje trigueño.
Cuando en romántico empeño
escucho en mi desvarío

en tu canto, flor de hastío
me da con melifuedad
la misma tonalidad
que el palmar le da al bohío.

En armonioso cristal
es tu poesía bella
como un arpegio de estrellas
de algún coro celestial.
Tu canto ha venido a ser
sonoro, sublime y suave
como el plumaje de un ave
acabada de nacer.
Eres el amanecer
que su frescura me baña,
tu canto es dulzor de caña
y de plátano manzano,
y yo. desolado llano,
¡cómo envidio tu montaña!

Padre amado

Padre amado, qué alegría
poder estar a tu lado,
pero mi sueño dorado
se alarga más cada día.
La única riqueza mía
es poder volverte a ver
aunque de tanto placer
se me rompa el corazón,
y no pueda la emoción
de mi pecho contener.

En silencio

Yo sé sufrir el rigor
callado como una palma,
sin importarme que el alma
se me rompa de dolor.
Yo soy el agricultor
que en lo adverso de una fecha
adentrado al surco hecha
la sabia de una semilla
que como verde sombrilla
se abre para la cosecha.

Polvo de agosto

Yo sé el por qué al camino
lo cubre el polvo de agosto,
y sé por qué es tan angosto
y áspero nuestro destino.
Yo sé por qué el campesino
sufre mientras más trabaja
y sé por qué el río baja
con quejidos a granel,
como si el mar para él
fuera líquida mortaja.

Yo sé el por qué de las cosas
cuando son buenas o malas
y por qué nacen con alas
las frágiles mariposas.

Ilusiones

Queda escondida en la tarde
el sol de mis ilusiones.
En cuantas constelaciones
de su luz no habrá el alarde,
una estrella quiere en balde
iluminar mi camino
pero yo, cual peregrino
arrodillado en la acera,
espero la luz primera
de un amanecer divino.

Tu ilusión fue una ilusión
que vino a ser pasajera
y fue como si no fuera
por una separación.
Pero el que algún corazón
ha dejado marchitado
sufre en su mundo callado
llevando un dolor a cuesta,
teniendo su alma dispuesta
a cosechar lo sembrado.

Celoso

Dice mi esposa que he sido
más celoso que un nivel
quien el que tenga un clavel
no es esmerado en su cuido.
Me celo de su vestido
y hasta al ponerse una cinta
porque al verla tan distinta,
muchas veces sin razón,
me da celo hasta el creyón
de labios con que se pinta.

Varias veces me he celado
hasta de un ventilador
porque al quitarle el calor
el pelo le ha acariciado.
Cuantas veces le he quitado
un palillo de la boca
porque al verla me provoca
la sensación del palillo
que cual travieso chiquillo
sus dos labios gruesos toca.

Me he celado hasta del sol
una mañana que entraba
por la ventana, y tocaba
su cutis con su arrebol.
Quise perder el control
pero me calmé al instante

porque al verlo tan distante
entendí que sus reflejos
no pudiera de tan lejos
pretender de ser su amante.

Cuando de mi verso vi

Cuando de mi verso vi
un concepto pobre y vano
Pedí perdón a Chocano,
a Darío y a Marti.
Y hoy al escucharte a ti
desconcertado me quedo
porque decirme que puedo
como tus cantas, cantar
es como querer tocar
la luz del sol con un dedo.

Si en poética opinión
mi voz tuviera un espacio,
en lugar de Bonifacio
diría Enildo Padrón,
hay en tu composición
un estremecer distinto
llevando en su laberinto
del Bellamar la belleza,
premiándote la grandeza
de Gabriel y de Jacinto.

Julio 8, 1994

Como soy

Yo soy como un libro abierto
que en páginas de bondad
me doy a la humanidad
como las flores al huerto.
Yo soy como en el desierto
la flor de la siempreviva,
y aunque en el alma cautiva
llevo la pena de ayer
me doy en el florecer
de una amistad positiva.

Por la Radio de Cuba

Roberto Sánchez, cantor
que ha enmudecido su lira,
aquí en Zarza Guajira
te esperan con una flor,
José Guillén un valor
de la tierra matancera,
Amado Coro lumbrera,
que cuando quiere cantar
no hay quien le pueda quitar
el brillo a su guayabera.

Contestación de Roberto Sánchez

Yo dejé muda mi lira
desde que buenos cantantes
le hicieron loas brillantes
al héroe de la mentira.
Una decepción guajira
se me encaramó en los hombros
cuando con tantos asombros
vi los hombres que mataban
en la tierra que dejaban
entre míseros escombros.

1997

A un cubano gringo

Ya tu verbo en vez de caña
te sabe a manzana y uva
porque no sabes que a Cuba
un traidor en sangra baña
Tú eres como una piraña.
devorando el bien ajeno
y te consideras bueno
lucrando con los demás.
Ya algún día cobrarás
el pago de tu veneno.

1998

Un abrazo

Cuando me diste un abrazo
al despedirme este día
me sentí como si había
dejado de mí un pedazo.
Me imaginé en tu regazo
cómo será cuando llegue
el momento en que me entregue
a otro mundo y a otra vida,
el tamaño de la herida
que te abrirá mi despegue.

Mayo 14, 2001

A mi hermano

Mi hermano, lo que yo escribo
mandártelo no quisiera
para que nadie supiera
con la tristeza que vivo.
Yo sigo siendo cautivo
de una pena que no es mía,
recordando todavía
que bajo de un fuerte sol
mi gallo de caracol
sobre de otro se rompía.

Y todavía imagino
del cuarto donde dormía
el que en cada esquina había
amarrado un gallo fino.
Y por cosa del destino,
mi esposa como un alerta
de la nevera en la puerta
puso un gallo de corriente
que a las siete diariamente
con su canto me despierta.

Recuerdo en mi infancia inquieta
de pobreza campesina
que una lata de sardina
era mi mejor carreta.
Recuerdo a Concha la prieta
que un día de reyes quiso

darme un caballo que hizo
de un palo de escoba usado
que mi madre había gastado
de tanto barrer el piso.

Recuerdo al padre que un día
le hizo a la honra alabanza
con la pequeña enseñanza
que te dio en presencia mía.
Y recuerdo todavía
mi madre al peinar su pelo,
y cuando al padre modelo
se lo llevaron callado,
fuertemente custodiado
por los ángeles del cielo.

Junio 5, 1996

A Mariano Sánchez Cuesta

Mariano, querido hermano,
cuando se aprende en la vida
se hace más suave la herida
y el dolor es más liviano.
Yo supe desde temprano
prepararme para eso
y hoy más fácil llevo el peso
de los años que he vivido
esperando agradecido
la hora de mi regreso.

Es posible que no entiendas
lo que te quiero decir
porque no podrás medir
los espacios de mis sendas;
porque cuando tú comprendas
lo que he sido y lo que soy
vas a saber por qué hoy
esta experiencia te digo,
porque voy a estar contigo
sin poder saber que estoy.

Octubre 22, 2002

A un comunista

El otro día sentí
el pecho roto en pedazos
cuando dos fuertes abrazos
de un cubano recibí.
En su mirada leí
la más cruel alevosía
y sé que en su abrazo había
en vez de afectos leales
los mortíferos puñales
de la odiosa hipocresía.

Yo me quedé cabizbajo
ante su vil amistad
viendo con qué falsedad
quiso rendirme agasajo.
Lo miré de arriba abajo
para no decirle nada
pero mi fuerte mirada
fue de tanta confesión
que dejé en su corazón
mi contestación clavada.

1977

La gota de hiel

Cuando nombraste a Fidel
Castro en tu insignia nota
de sangre tragué una gota
amarga como la hiel.
La humanidad siempre es cruel
en el mundo baladí
y estos que están por aquí
defendiendo al comunismo,
resulta que son los mismos
que me seguían a mí

Enero 4, 1998

La despedida

La despedida es la hoja
del árbol que en su caída
deja en el tallo la herida
como una corteza roja,
sin que haya quien recoja
la dolencia de caer.
En un mismo atardecer
como un desencanto muerde
la esperanza que se pierde
en el recuerdo de ayer.

Enero 20, 1995

Viviendo en la distancia

Viviendo en la distancia
de lo que más he querido
soy un pájaro sin nido
en un rosal sin fragancia.
Miro con poca importancia
el mundo que me refleja
y aquí, donde nada aqueja
el disfrute de la vida,
me sigue abierta una herida
que duele mientras más vieja.

Agosto 5, 1974

A un miliciano

Sé que arrepentido estás
de haber sido miliciano
y de apretar con tu mano
el terror de los demás.
Cuando comprendas quizás
lo que eres en la vida
te correrá por la herida
el dolor como un torrente,
porque tú eres consecuente
de la infamia cometida.

Mientras tú eras miliciano,
agresivo y destructor,
yo me he fundido al calor
de un ideal soberano.
Mientras tú vas al pantano
yo voy a la cumbre erguida,
y mientras vas por la vida
atropellando a mansalva,
yo tengo un Dios que me salva,
que me protege y me cuida

El Dios que yo adoro
está en las plantas y en las aves
Y sé bien que tú no sabes
el Dios tuyo cuál será.
El que duda vivirá
en las tinieblas sumido

por no haberse definido
al mártir de Galilea
porque una doctrina atea
le ha envenenado el sentido.

Febrero 5, 1968

A un ateo

Esta humanidad creada
es como de damas un juego
que el que más sabe está ciego
sin comprender la jugada.
Mientras el que más asegurada
cree que la existencia tiene
a pensar no se detiene
que quien todo lo dispone
es Dios, el que quita y pone
la ficha que le conviene.

Agosto 22, 2000

Viejo amigo

No te asombres, viejo amigo,
de ver la fotografía
de quien joven compartía
su mejor tiempo contigo.
Hoy que recordar consigo
la felicidad de ayer
me angustia el atardecer
de mis noches sin estrellas
y de tantas cosas bellas
que ya no pueden volver.

Aquí vivo, hasta que un día
mi vida cansada acá,
comparta con los de allá
una pena que no es mía.

Angustia del arado

Enildo Padrón, yo sí
soy un guajiro atrasado
y la angustia del arado
pudiera hablarte de mí.
Desde pequeño sufrí
la pobreza campesina,
me crié comiendo harina
porque era lo más barato
y tenía en vez de plato
una lata de sardina.

El ruiseñor

Canta el ruiseñor encima
del alegre flamboyán,
y el zorzal canta su afán
sobre una mata de lima.
Con una armoniosa rima
Da el sinsonte sus canciones
sembrando las ilusiones
de la hembra que lo llama
mientras cuelgan de una rama
la espera de dos pichones.

Gira campestre

Es aquí donde la brisa
como un ave pasajera
va a esconderse en la pradera
como en celestial sonrisa.
Aquí vuela más de prisa
la enamorada paloma
y se percibe el aroma
campestre del universo,
y en las pupilas de un verso
la frente de un astro asoma

Aquí es donde la campiña
tras la montaña se pierde
toda vestida de verde
infantil como una niña.
Aquí la estancia encariña
al pobre trabajador
y se oye el suave rumor
de la brisa pasajera
que rompe en la primavera
el pétalo de una flor.

Aquí se siente a lo lejos
el campesino que ara
dándole a sus bueyes vara
porque no tiran parejos.
Aquí se ven los reflejos
del sol entre la arboleda

y el jilguero que remeda
del arroyuelo el rumor
y el moribundo color
que en el horizonte queda.

Aquí se siente el muhído
de las vacas en el llano
que en amanecer temprano
ordeñarse no han podido.
Aquí se ve adormecido
el cochino en el batey
y se ve el cansado buey
halar la pesada pipa,
y el arriero que destripa
el corazón de un mamey.

Aquí se ve atardecer
bajo una pausa impoluta,
y la tarde diminuta
se va para no volver.
Aquí se puede comer
la fruta al pie de la mata
y se oye la catarata
del palmar en el bajío
como cantándole al río
que a sus pies se desbarata.

1950

A un amigo pobre

Yo habré de seguir viviendo
tratando de ser tu amigo,
y tú un rico mendigo
de dinero presumiendo.
Tú seguirás padeciendo
la miseria que te aterra
porque mientras más te aferras
a vivir de los demás
sigues siendo el hombre más
desdichado de la tierra.

Diciembre 4, 1999

Toda la felicidad

Toda la felicidad
de mi espíritu se ha ido
por el dolor recibido
de esta cruel humanidad.
Ya se sabrá la verdad
después de tanta malicia
porque frente a la codicia
existe un Dios en el cielo,
conductor, juez y modelo
que castiga la injusticia.

Desengaño

Hace treinta y nueve años
que no doy mi voz al viento
mezclada con el lamento
de los crueles desengaños.
Cuando son tantos los daños
no se pueden resistir
y fuera mejor vivir
como en otra dimensión
donde ya los seres son
liberados de sufrir.

Diciembre 12, 1997

A Martica Milián

Martica, sobrina mía
cuando tu carta leí
no sé, pero te sentí
casi niña todavía.
No sé si una poesía
puedo todavía hacer
como en los tiempos de ayer,
cuando en plena juventud
le improvisaba al laúd
en un nuevo amanecer.

Ya mucho tiempo ha pasado
pero sigo en mi inquietud
disfrutando la virtud
con la que Dios me ha dotado.
Aquí vivo enamorado
de mi cubano horizonte
como un guajiro del monte
que en su cubanía encierra
un tomeguín de la tierra,
un canario y un sinsonte.

A Ramón Santana

Poeta cubano

Ramón, qué feliz si el río
me confesara el secreto
que lleva en su seno inquieto
de su intenso murmurío.
Qué feliz si el sueño mío
se pudiera realizar,
pero me duele el pensar
de la insidia y la traición
que ha roto en mi corazón
el deseo de cantar.

Cuando tus versos leí
me creció el lejano afán
de ver a los pies del Pan
jugueteando el Yumurí.
Yo no sé si como en ti
me quedan más amistades
porque ya las falsedades
de ésta humanidad sin nombre
han destruido en el hombre
sus legítimas bondades.

A mi Cuba

Si nuestra patria algún día
llegara ser liberada
la tierra estará mojada
con la propia sangre mía.
Y por ella moriría
igual que un simple cubano
pero no con un tirano
que a la Patria ensangrentó,
Y como un cobarde huyó
con su tesoro en la mano.

Y cuando a Cuba tú vayas
en pos del cruel enemigo,
búscame que yo contigo
voy a morirme en sus playas.
Y no me importan las fallas
que pudiéramos tener
aunque me gusta escoger
con quien morirme pudiera
por quitar de mi Bandera
la sangre de hoy y de ayer.

Febrero 21, 1972

Visita de un hermano

Viniste, querido hermano,
y aunque me sentí contento,
me habló de tu sufrimiento
el apretón de tu mano.
Vino mi deseo anciano
a cicatrizar la herida
de una esperanza perdida
al traerme en hora buena
a la que trabajo y pena
sólo le he dado en la vida.

Viniste, querido hermano,
satisfaciendo mí anhelo
y me parece que el cielo
se hace pequeño en mi mano.
Desde aquel mundo lejano
me trajiste una esperanza
y al cumplirse la añoranza
de traerme lo perdido
soy como un pájaro herido
que su vuelo alzar no alcanza.

Viniste para traerme
un pedazo de mi vida
y hoy pienso que en tu partida
tan feliz no podrás verme.
Te marcharas con saberme
más guajiro y más cubano

y mientras este soberano
ideal no se me quite
seré un sol que se derrite
bajo un cielo de verano.

Viniste y en tu llegada
se abrió para mi existencia
un sol que le dio vigencia
a mi vida trasnochada.
Aquí no pensaba en nada
que hacer realidad mi anhelo
y al traerme este consuelo
que ha hecho feliz mi vida
siento que tu despedida
será más triste que un duelo.

Contigo vino la madre
que dejé llorando un día
triste, porque presentía
la pérdida de mi padre.
Hoy no hay nada que taladre
el placer que me has traído
y ante su mirar perdido
que lentamente me besa
soy pájaro que regresa
al calor de un mismo nido.

Octubre 11, 1982

Amor

Amor de pálidas venas
ensueño de los espejos
te fugas en los reflejos
de una ronda de azucenas.
Apasionadas falenas
celebran sus esponsales
con insignias nocturnales
que percibe el terciopelo
de una cortina de cielo
en luminosos cristales.

Abril 24, 1996

A mi sobrino Pipo

Pipo, para qué pedir
que unas décimas te mande
sin poder mí pena grande
con palabras describir.
Ya el deseo de vivir
Se achica más cada día
sumergido en la agonía
que tengo como exiliado
mirando lo que ha quedado
de la patria que era mía.

Por estas tierras lejanas
de mi patria y mi bandera
se ha ido una vida entera
y me he llenado de canas.
Aquí todas las mañanas
A Dios, con amor le pido
que esté rejuvenecido
el deseo de volver
porque en mi hay un quehacer
que no se me da en olvido.

Aquí nada llega a ser
como lo cuenta el que va
que sigue viviendo acá
ajeno de su deber.
Yo espero un amanecer
para la Cuba que espera

arrodillada en la acera
de una injusticia plural
y que feliz y triunfal
retorne a ser lo que era.

El mundo va indiferente
de una ley universal
en la sucesión del mal
cada vez más imponente.
Cuando seamos conscientes
de la humana creación
no existirá la ambición
y habrá en la faz de la tierra
el cese de tanta guerra
y de tanta incomprensión.

Mayo 5, 1999

Mi señora, casi niña

Mi señora, casi niña,
siempre por mi verso espera
y es como si le exprimiera
el corazón a una piña.
Ella cuánto se encariña con las flores de mi prado
y por este sol gastado
espera en frescas mañanas
envolver junto a mis canas
todo el amorque ha soñado

Mujer, mi niña mujer,
de luz y gracia vestida
viniste por una herida
que me dejaron ayer.
Te das en amanecer
de ternura sin igual
como si todo el panal
de tu existencia exprimiera
rompiendo tu primavera
en una tarde otoñal.

Manantial de cauce abierto
para mi tanta sequía,
frescura de poesía
armonizando mi huerto,
sombra para este desierto
gastado de caminante,

estrella relampagueante
para mis noches de hastío;
blanca perla de rocío
en mi flor agonizante.

Noviembre 27, 1973

A Jorgito, mi nieto

Me nació un nieto poeta
para que siga la lira
por la campiña guajira
el sueño de la carreta.
Ya la virtud desinquieta,
la adolescencia de un joven
que para que no le roben
el tesoro de soñar,
Duerme junto a Castelar,
Espronceda y de Beethoven.

Enero 15, 1997

A un rico pobre

Yo sigo viviendo igual
sin que tú seas mi amigo
tú eres un rico mendigo
con ansias de capital.
Tú eres como el pavo real
ignorando lo que es,
luciendo la brillantez
multicolor de su pluma,
pero que pronto se abruma
cuando se mira los pies.

Enero 1998

A Ramiro Sánchez, amigo

Ramiro, fue tu llegada
motivo de una impresión
y la gran satisfacción
de no haber cambiado en nada.
De la época pasada
recordaste los momentos
y los acontecimientos
felices de aquella era,
cuando en plena primavera
volaban mis pensamientos.

Y yo tampoco he cambiado
porque has visto donde vivo
que tu fiesta fue un motivo
valiente de mi pasado.
Tú te sentiste colmado
de la décima bien hecha
y yo sentí mi cosecha
rota en un atardecer
porque apenas pude hacer
una décima derecha.

En tu partida dejaste
todo el recuerdo de ayer
y tú ansiedad de volver
en tus amigos dejaste.
Yo sé bien que te encontraste
como en tu niñez primera,

conmemoraste la era
de la bandurria y el güiro
cuando en un sueño guajiro
floreaba la carretera.

Sé que no pude llenar
tu anhelo de poesía
porque mi musa se había
divorciado del palmar.
Sé que me viste brillar
como un sol descolorido,
o como un pájaro herido
que canta su desconsuelo
sin poder alzar su vuelo
porque tiene roto el nido.

Agosto 5, 1977

Quien soy

Yo seré para el que admira
la décima del guajiro
armonizado suspiro
de café, tabaco, y güira.
Yo seré sabor que inspira
en la campiña cubana
y seré en sutil mañana
un órgano celestial
que en un cielo de cristal
tiernos arpegios desgrana.

Yo puedo hacer que mi lira
se abra como una azucena
y haga de perfumes llena
una décima guajira.
Porque yo, para el que admira
la décima del bohío,
soy profundo como el río
y ardiente como el dolor,
o suave como una flor
besada por el rocío.

A Matías Rodríguez

Poeta cubano

Me dices que tú quisieras
repetir las alegrías
de las viejas canturías
de mis etapas primeras.
¿Te recuerdas cuando eras
un poeta sin pensarlo?
Hoy tan sólo al recordarlo
el corazón se me aprieta
porque ya busco al poeta
y es difícil encontrarlo.

Dime si es que ya el laúd
no deja en las canturías
sus quejosas melodías
a la nueva juventud.
Dime si ya la inquietud
legendaria del palmar
no se besa con el mar
que ruge incesantemente,
y si el cielo es confidente
de las nubes al pasar.

Dime si ya la mañana
no es fresca como una niña,
y si a la verde campiña
el sol no se le desgrana,
si huele a fruta cubana

la trayectoria del río
o si ya murió de hastío
el deseo de las cosas
como se muere en las rosas
la novedad del roció.

Dime si es que ya la brisa
no huele a tierra mojada
y si la joven tonada
a la noche no armoniza.
Dime si ya en tu camisa
no hay perfume de pradera
o si se acabó la era
de la bandurria y el güiro
cuando un ensueño guajiro
floreaba la carretera.

Yo estoy aquí, en el andar
de una costumbre extranjera
en un silencio de espera
¡Y que malo es esperar!
Ya el gusto para cantar
en mí se ha desvanecido,
pero hoy que se ha vestido
mi tristeza de paseo
te escribo con el deseo
de un placer recién nacido.

Junio 10, 1965

En un búcaro rosado

Un día en el cementerio
contemplé lleno de hastío
sobre de un sepulcro frío
un caso penoso y serio.
En el triste cautiverio
donde ha sido sepultado
un ser que fue malogrado,
triste una madre besaba
una flor que colocaba
en un búcaro rosado.

Me quedé meditabundo
y penoso al contemplar
aquel cuadro que ha de dar
tantos ejemplos al mundo.
Cuando con dolor profundo
aquella madre afligida
me dijo con voz sentida:
"Aquí la tierra cubrió
a un hijo que no esperó
el beso de despedida".

Me dijo, en un hospital
cuando mejor se encontraba
la cruel muerte le marcaba
a su existencia el final.
Y yo, ignorando el fatal
destino que se acercó

a su lado y le tronchó
la vida rápidamente
sin dar tiempo que en su frente
un beso estampara yo.

Y de esa forma, lector,
hay en cualquier cementerio
un caso penoso y serio
símbolo de tanto amor
A mí me causó dolor
en lugar tan apartado,
ver con tanto amor callado
a una madre que besaba
una flor que colocaba
en un búcaro rosado.

A mi esposa (4)

Cuando tengas tos de noche
y ya yo no esté cercano
quién te pasara la mano
en amoroso derroche.
No habrá nada que reproche
la vida que nos divide
mas quien todo lo decide
te hará sentirme a tu lado
en el mimo afortunado
del nieto que más te cuide.

Junio 6, 2001

Respuesta a Pedro

Pedro Martínez, cantor,
leí tus composiciones
que me traen opiniones
que tienen poco valor.
Yo no quisiera el dolor
de mi Patria confesarte
porque para qué contarte
de todo el dolor que aterra
a ese pedazo de tierra
que llora por todas partes.

Yo sé muy bien que el ambiente
es igual al que dejé,
porque cuando me marché
nada estaba diferente
Ya Cuba, niña inocente,
sangraba por una herida
y de lealtad vestida
no se quejó de su hastío,
y hoy se ve que por un río
rojo se le va la vida.

A mí me duele tener
que hacerte alguna advertencia
por esa falsa apariencia
que de Cuba me has de hacer.
Hoy tan triste como ayer
Cuba sufre su traición

y llora mi corazón
cuando tu verso recibo
vestido de verde olivo
y sangre de paredón.

Pero a lo mejor tú estás
vestido de miliciano
apretando con tu mano
el terror de los demás.
A lo mejor no verás
a tus hijos sin comida
ni te importará la vida
del que muere diariamente
porque tú eres consecuente
de la infamia cometida.

Yo estoy diariamente allí
en un vuelo espiritual
mirando correr el mal
de San Antonio a Maisí.
Si reviviera Marti
y viera tanta agonía
de pena se moriría
viendo cambiado el color
de la insignia tricolor
por la que muriera un día.

Allí cuántos no tendrán
en vez de una Nochebuena
la martirizada pena
de ver sus hijos sin pan.
Allí me han dicho que están

hechos guiñapos humanos
mis amigos, mis hermanos
que llevan encallecida
la miseria de la vida
en la palma de sus manos.

Una limosna

Cuando se da una limosna
no se le dice a la gente.
Esa forma inconsecuente
al espíritu abochorna
cuando la vida retorna
al espacio que la encierra
se desangra por la sierra
del egoísmo y el odio,
dando paso al episodio
de la venganza y la guerra.

Julio 15, 2001

Musa joven

No pudiste amigo mío,
conmigo en Cuba cantar
porque nunca puede el mar
salir en busca del río.
Cuando con gran poderío
ya tu musa despuntaba
yo del canto me apartaba
con otras preocupaciones,
movido por las razones
de un deber que yo ignoraba.

Regalo de asilo

Mi niño grande ya está
trabajando, y ha querido
regalarme algo que ha sido
el gusto de su mamá.
Su primer salario ya
ha tenido un gran valor
me ha comprado un pasador
y con que dicha tan grata
va brillando en mi corbata
una perla de sudor.

1961

A mi hermana Amada (2)

Yo nuca olvidarme puedo
de mi patria y de lo mío
de allí donde corre el río
como cargado de miedo.
Aquí en angustias quedo
cuando recuerdo mi tierra
y aunque el sufrir no me aterra
voy por el mundo callado
llevando siempre a un costado
una herida que no cierra.

A Magaly García, amiga

¿Quién es Magaly García?
es una flor envidiada
por la luz acrisolada
del sol que ilumina el día,
es la dicha, la alegría,
de cada espíritu humano
porque le extiende la mano
al rico y al vagabundo,
porque trata a todo el mundo
como si fuera un hermano

Su voz en la madrugada
es un timbre de placer
porque en cada amanecer
tiene una audiencia esmerada.
Ella es linda en la mirada
y se hace linda por dentro,
simbolizando el encuentro
de su diseño de estrella
que yo siempre, frente a ella,
me persigno y me concentro.

Retirada

Cuántas veces por la herida
de una retirada lloro
dejando atrás el tesoro
que me hace feliz la vida.
Yo siempre llevo escondida
la pena que más me duele
y no hay nada que me anhele.
Y antes de su sacrificio
no encuentro nada propicio
que en mi ausencia le consuele.

Diciembre 15, 1970

El día que ya no pueda

El día que ya no pueda
practicar yo mi deporte
poco espero que me importe.
De la vida que me queda
ya yo seré una moneda
que tendrá poco valor,
aunque me apena el dolor
que tendrá que soportar
quien es dueña de mi hogar,
de mi vida y de mi amor.

Julio 25, 2001

Partida

Se me parte el corazón
cuando me tengo que ir
para otra parte a vivir,
distante de tu pasión.
Tú que eres mi adoración
no sabes mi sufrimiento
y aunque me veas contento,
sonriéndote, callado,
llevo en el pecho clavado
el dolor que por ti siento.

Cada vez que me retiro
con el adiós que me das
me creo que te me vas
lejana como un suspiro.
Y cuando en tu rostro miro
dos lágrimas temblorosas
que como dos mariposas
derretidas por el sol
dan un brillo de charol
a tus pupilas llorosas.

Yo no podré sentir celo
si te enamoras un día,
aunque la tristeza mía
sea más grande que el cielo.
Que tu dolor se haga hielo
y por tu espíritu ande

y lo endurecido ablande,
porque no puede caber
en una sola mujer
un sacrificio tan grande.

Septiembre 9, 1971

Tierra lejana

Por estas tierras lejanas
de mi patria y mi bandera
se ha ido una vida entera
y me he llenado de canas.
Aquí todas las mañanas
le pido a Dios que algún día
pueda dejar la sombría
condena de un exiliado
para ver lo que ha quedado
de la patria que era mía.

Aquí estoy sin que la vida
no me dé más regocijos
que el cariño de mis hijos
y de mi esposa querida.
Aquí estoy con una herida
que me tiene desangrado,
porque allá en amor callado
en una andanada oscura
está la mujer más pura
y el hombre más abnegado.

Diciembre 15, 1985

Día de las Madres

Esta próxima semana
es de las madres el día
y pienso en ti madre mía
y en tu tristeza lejana,
me acuerdo en cada mañana
de tu cariño creciente
y que con amor doliente
habrás de dejar mojada
con tus lágrimas la almohada
pensando en el hijo ausente.

Hoy cuanta tristeza habrá
en el alma de mi vieja
que triste como una queja
con dolor sollozara.
Hoy no ha de oír un ¡mamá!
por tener un hijo ausente
donde con amor doliente
habrá de rogarle al cielo
viendo que su desconsuelo
no ha de tener aliciente.

Mayo 5, 1973

Viejo

Cuando estés viejo y cansado,
que no sirvas para nada,
no tendrás ni la mirada
del ser que más te ha adorado.
Vivirás como olvidado
de aquellos que te ofrecían
villas, castillos y hacían
de tu amistad un emporio,
y no irán a tu velorio
ni los que más te querían.

Diciembre 19, 1999

A mi esposa, un Día de Madres

Mañana mi esposa amada
no quiere que le dé algo
si ella a mi dolor amargo
lo endulza con la mirada.
Yo sé bien que no habrá nada
que compense su cariño
que con un color de armiño
me da tan descompasado,
que me tiene malcriado
y mimado como un niño.

Mayo 5, 2001

Sin saber

Vine sin saber por qué
hasta esta fiesta guajira
que tiene sabor a güira
a tabaco y a café.
Aquí donde está de pie
la décima del bohío
de mi pecho como un río
se desborda en su secreto
dándole a este pueblo inquieto
el pobre saludo mío.

Cuando nuestro canto sea
espontáneo como el río
estará libre el bohío
del rayo que centellea.
Cuando el que improvisa crea
la buena improvisación
habrá la satisfacción
de todo lo que se ha hecho
y palpitará en el pecho
con ternura, el corazón.

Libertad

Yo supe en mi juventud
luchar por la libertad
conociendo la maldad
que había en la esclavitud.
Lamento la prontitud
de irme para tierra ajena
y hoy en día me da pena
que la hermosa patria mía
sufra y llore todavía
el dolor de su condena.

Yo canté en mi juventud
lleno de resplandecencia
y conocí la experiencia
de la infame ingratitud.
Pero ya que la virtud
no se me ha desvanecido
canto como poseído
por una influencia extraña
que constantemente baña
a mi espíritu vencido.

Yo para la patria fui
como un soldado en acción
por esa sola razón
tuve que salir de allí.
Ellos veían en mí

un combatiente violento
y como en ningún momento
Agarrarme no pudieron
estando ausente me hicieron
juicio de fusilamiento.

Un tomate especial

Hubo un tomate especial
que pudo su intervención
lograr la consolación
de un amor sentimental.
Ese jugo vegetal
de sabroso contenido
pudo lograr que Cupido
pudiera llevar la calma
en el corazón de un alma
que su amor había perdido.

Jardín en floración

Eso era cuando la vida
me ofrecía su ilusión
cual jardín en floración
de una existencia florida.
Pero no cuando la herida
de todas las decepciones
han convertido en jirones
esta forma de vivir
que opaca mi sonreír
y mata mis ilusiones.

Yo soy feliz

Yo soy feliz porque tengo
una mujer que me adora
y mi cariño atesora
en crisolado abolengo.
Yo siempre su amor mantengo
en cofre de lealtad
y de su sinceridad
no hay nada que persuadir
porque me hace vivir
lleno de felicidad.

A Martí

Martí, estrella naciente
para los cielos del mundo
ha sido lo más profundo
que ha dado este continente.
Se hace pasado, presente
y futuro universal;
estadista celestial
de románticas quimeras
con su estancia en las fronteras
de una existencia mundial.

A mi madre en su día

¡Oh madre, madre querida!
Este día todo el mundo
celebra el gozo profundo
de habernos dado la vida.
Tú has sido la más sufrida
de las almas en la tierra,
la que se aflige y se aterra
cuando tiene un hijo ausente.
La única que sufre y siente
la barbarie de la guerra.

A mí jamás se me olvida
cuando con tierno embeleso
fuiste a dejarme un beso
El día de mi partida.
Cómo se me fue la vida
por tu mirada llorosa
y yo no sé por qué cosa
el corazón presentía
lo tan larga que seria
esta ausencia dolorosa.

Pero yo sé que algún día
podré volver a tu lado
y entonces, cuánto cuidado
tendré de ti madre mía.
No quiero más alegría
que poder volverte a ver

aunque de tanto placer
se me rompa el corazón
Y no pueda la emoción
de mi pecho contener.

Yo sé que mi larga ausencia
humedece tu pañuelo
y ya le he pedido al cielo
el hallarme en tu presencia.
Qué triste reminiscencia
llenan mis horas por ti
porque desde que me fui
sólo me aflige pensar
que con nada he de pagar
lo que has sufrido por mí.

Por eso a Dios le he rogado,
en silencio con la almohada,
que ponga en ti su mirada
y vele por tu cuidado,
porque cuando esté a tu lado
de tu existencia sufrida
cuidaré como el que cuida
por la manecita a un niño
para llenar de cariño
lo que te queda de vida.

Chicago, mayo 6, 1967

A mi hermano en su día

Me enteré, querido hermano,
Que hoy cumples noventa y dos
y le estoy pidiendo a Dios
que siempre estés fuerte y sano.
Yo supe desde temprano
cuidarme para existir
y tú pudieras vivir
para saberte cuidar
y así pudieras lograr
muchos más años cumplir

Distante de tu montaña

Distante de tu montaña
yo seré como un desierto,
manantial de cause abierto
para tu ansiedad de caña;
yo seré el río que baña
la sequedad de tu hastío,
que corre junto al bajío
como en un mar de frescura.
Manantial, que en la espesura,
muere de sed y de frío.

A Pedro Martínez, poeta cubano

Y no sé si piensa igual
el amigo que está ausente,
aquel que indudablemente
fue atento y jovial.
La amistad es un rosal
que si se cuida al nacer,
y se sabe mantener
a través de la existencia
no puede una larga ausencia
su vida palidecer.
(Fragmento de una décima de Pedro Martínez)

Pedro Martínez, llegaron
tus décimas como rosas
y mis pupilas llorosas
de lágrimas se llenaron
tanto, que me recordaron
de las viejas canturías
cuando tú cantando hacías
de cada verso un tesoro
junto al cordaje sonoro
que en tus manos exprimías.

Cuánto me alegra saber
que te acordaras de mí
ya que perdidas creí

las amistades de ayer.
Por mi pueblo hay un qué hacer
el que nunca he olvidado
porque en él tengo sembrado
mi amor de guajiro isleño,
cielo azul donde está el sueño
de mi anhelo trasnochado.

Aquí vivo como ajeno
de la falsa humanidad
donde el odio y la maldad
no parecen tener freno.
Luzco tranquilo, sereno
en lucha con la existencia
mirando la indiferencia
de un mundo que ya fenece
donde el hombre no parece
haber tenido conciencia.

Agosto, 1974

Para Román Pérez

Amigo Román, me dices
que el árbol se ha derrumbado,
y el aunque el tronco se ha tronchado
siguen vivas sus raíces.

En humanas cicatrices
del cotidiano vivir
se tendrán que repetir
en un nuevo amanecer
para que puedan saber
la manera de vivir.

Una tarjeta

Pintan mi hijo y su esposa
en una tarjeta un gallo
hubiesen pintado un tallo
muriéndosele a la rosa.
Mi existencia milagrosa
está triste y baladí
y como dicen que aquí
sólo venimos un rato
se está venciendo el contrato
que me firmaron a mí

Te vi

Sentí mi vida dichosa
cuando vi bajo del sol
mi sueño de caracol
convertido en mariposa.
Hoy estabas más hermosa
o te vi de otra manera
y como si se rompiera
un juguete de papel
tu boca rozó mi piel
como si en un sueño fuera

Sentí la noche de un día
como una nueva ilusión
cuando vi tu corazón
retozando de alegría.
Sabiendo que no eras mía
me imaginé que lo eras
pero en lejanas fronteras
se me escondieron tus ojos
como dos claveles rojos
borrachos de primaveras

A Noriel Batista

Noriel es un ser creyente
que vino a la humanidad
para la felicidad
de todo este continente.
Es un místico viviente
para el humano consuelo
y como ejemplo y modelo
del cotidiano vivir
sólo Dios le puede abrir
todas las puertas del cielo.

Testamento poético

Si al morir un elemento
espiritual me guiara
al lugar donde encontrara
datos para mi argumento
cuando se llegue el momento
de en la muerte diluirme
quizás pueda conducirme
Inmaterialmente a Orión,
orientarme en helicón
en Castalia bendecirme.

Y al bendecirse mi lira
en esa fuente sagrada,
de agua tan cristalizada
que a todo poeta inspira,
puede ser que el que no admira
a mi verso sensorial
quiera como celestial
ángel que habita en la gloria,
para ponerme en la historia
como un relieve inmortal.

Y no permito que el cruel
que no supo comprenderme
quiera en el escala ponerme
de Darío y de Espinel.
Ese es un instinto infiel
porque si habité en la escoria

no soy digno de la gloria,
y un sacrilegio sería
que se vea mi biografía.
en página de la historia.

No permitirá la ciencia
que me invoque un poetastro
haciendo lucible el astro
de mí agotada existencia
No podrá la inteligencia
actual de un mentor fecundo
hacer con gesto profundo
mención de mi simple glosa,
porque hará una fabulosa
historieta para el mundo.

1948

Algo más sobre Roberto Sánchez y su vida

Carta recibida después de una Asamblea Textil después del triunfo de la Revolución, donde me tildaron de traidor y contra revolucionario.

Diciembre, 1959

Ciertamente, los grandes de espíritu jamás perecerán; vencerán al miedo, las influencias, el medio ambiente y las debilidades. Caminarán serenos sobre las aguas embravecidas y encrespadas de furiosas olas; lucharán contra tormentas, siempre vencerán, afincados profundamente en sus creencias y su fe de gigantes indomables, paseándose tranquilos por entre el ruido y la hipocresía del mundo; siempre con una sonrisa en los labios, con una verdad en los labios, y con un ideal en el corazón.

Puedo decir que te conozco poco, pero casi puedo asegurar que eres un grande de espíritu. Tus actos son la emanación sutil de un alma templada, probada y acorazada a los choques y vaivenes de la vida. Nunca tiemblas, nunca temes, nunca desesperas. Dios te ha dado (o tú has creado a fuerza de voluntad) una calma tan completa y extensa que no creo exista nada sobre la tierra capaz de interrumpir tu carácter y tu pensamiento. Eres un hombre capaz de sentir hondo, y sin embargo, vas danzando en el carnaval de la vida con una aparente insensibilidad que desconcierta hasta el más avezado de los psicólogos. Es el producto espontáneo de una fuerza de voluntad superior. En verdad, amigo Roberto, envidio tu voluntad.

Sólo me queda decirte que te admiro y te envidio. Hombres

como tú, sembrado de sonrisas y esperanzas, tienen derecho a triunfar. Y cuando los hombres practican la fe en una idea o en una ruta, sin despegarse ni desviarse por nada ni nadie, entonces algo bueno puede surgir para la comunidad. Porque la tentación en ti es algo que ya está probado: no existe.

Por tanto, deja que el mundo te vire las espaldas, que cuando no tengas a nadie con quien compartir, estoy seguro que has de tener lo sublime y máximo de la existencia: Dios.

Tu amigo,
Armando Álvarez

Cuando nos conocimos

Chicago, Illinois, 25 de agosto de 1967

Caminando por los pasillos de una gran "factoría", como suelen llamar los cubanos a las fábricas, comencé a darme cuenta que había alguien que sobresalía y se destacaba entre todos. ¿Qué lo hacía diferente a los demás? Quizás fuera su voz baja al hablar o la ausencia de exagerados ademanes al dirigirse a alguien, fuera cual fuera el argumento.

La curiosidad me llevó a acercarme a un compañero de trabajo y amigo y le pregunté quién era ese señor, cómo se llamaba y de dónde era. Con un gesto cómico me dijo: "Ese señor se llama Roberto, bueno, Roberto Sánchez y es cubano".

Por aquel entonces yo padecía de un mal que los médicos habían diagnosticado como epilepsia y en esa ocasión fui llevada al hospital Dos días después, se me acercó, me miró con una mirada penetrante y escrutadora y me dijo: "Yo la voy a curar". Sonreí suavemente. Pero lo hizo. A través del tiempo pude comprobar cómo, con esa mirada tan penetrante, captaba el mal del cerebro de otras personas, que encontraron curación. Por eso dí en llamarle "mano santa".

Pero, ¿cómo podría yo saber algo más de él, de su pasado, su niñez, sus costumbres?

Me fue fácil. Él mismo me dio las respuestas, a través de sus dicharachos, sus anécdotas, el arraigo a sus raíces, el amor a su patria, el desasosiego por volver a pasearse por las calles de su pueblo, Pueblo Nuevo, Matanzas, especialmente por la calle Monserrate #83, la que lo vio nacer y crecer.

Día a día, peldaño a peldaño, me contaba que al atardecer se reunía con un grupo de buenos amigos al salir de la escuela y disfrutaban de los únicos juguetes que las circunstancias les permitían tener. Una lata de sardinas simulaba una carreta, un trompo y un cordel para dar vueltas y vueltas, un yoyo (sube y baja, sube y baja) y siempre sus pequeñas bolas de cristal que tiraba a rodar como echando a rodar su propia suerte.

Fue así su infancia inquieta. Pero a muy temprana edad le mostró a su padre que había heredado su amor a un deporte muy popular entre los cubanos: las peleas de gallos finos. Me cuenta que a los 10 años espueló su primer gallo y a los doce hizo su primer par de espuelas, en lo cual es un maestro.

Hay quien se hace barbero y quien nace barbero. Roberto Sánchez Cuesta nació barbero. Desde los 8 años, con una gran maestría con la tijera, empezó a recortar a su padre, hermanos y primos, realizándose así en su profesión verdadera y la que ejerció hasta enero del 2009.

Pero aparte de los juegos, el deporte y la profesión, nunca abandonó el amor y adoración por sus padres y hermanos, y menos que menos por su patria, amor que fue creciendo a través de cada gobierno, mientras que sabía que tenía una lucha por comenzar. Se hizo líder obrero en la Rayonera de Matanzas.

Desde su adolescencia, también con una gran inquietud, se dedicó a la búsqueda de algo que lo llevará a una verdad más profunda: la existencia de Dios y el Ser Humano. Después de estudiar por muchos años se graduó de miembro de la Sociedad Teosófica de Madras, India, hermandad mundial de la cual ha estado orgulloso de pertenecer.

Su libro *Pétalo azul* no lo escribió en este tiempo solamente. Como ustedes pueden ver tiene versos escritos desde muchos años atrás. Casi desde niño ya sentía y quería improvisar esas décimas guajiras, las cuales lo llevaron a competir con los mejores poetas de entonces. Fue ganador de muchos primeros lugares, entre otros en el Teatro Sauto de la Ciudad de Matanzas.

Así culmina la biografía de Roberto Sánchez Cuesta, poeta.

Nelly Martínez de Sánchez